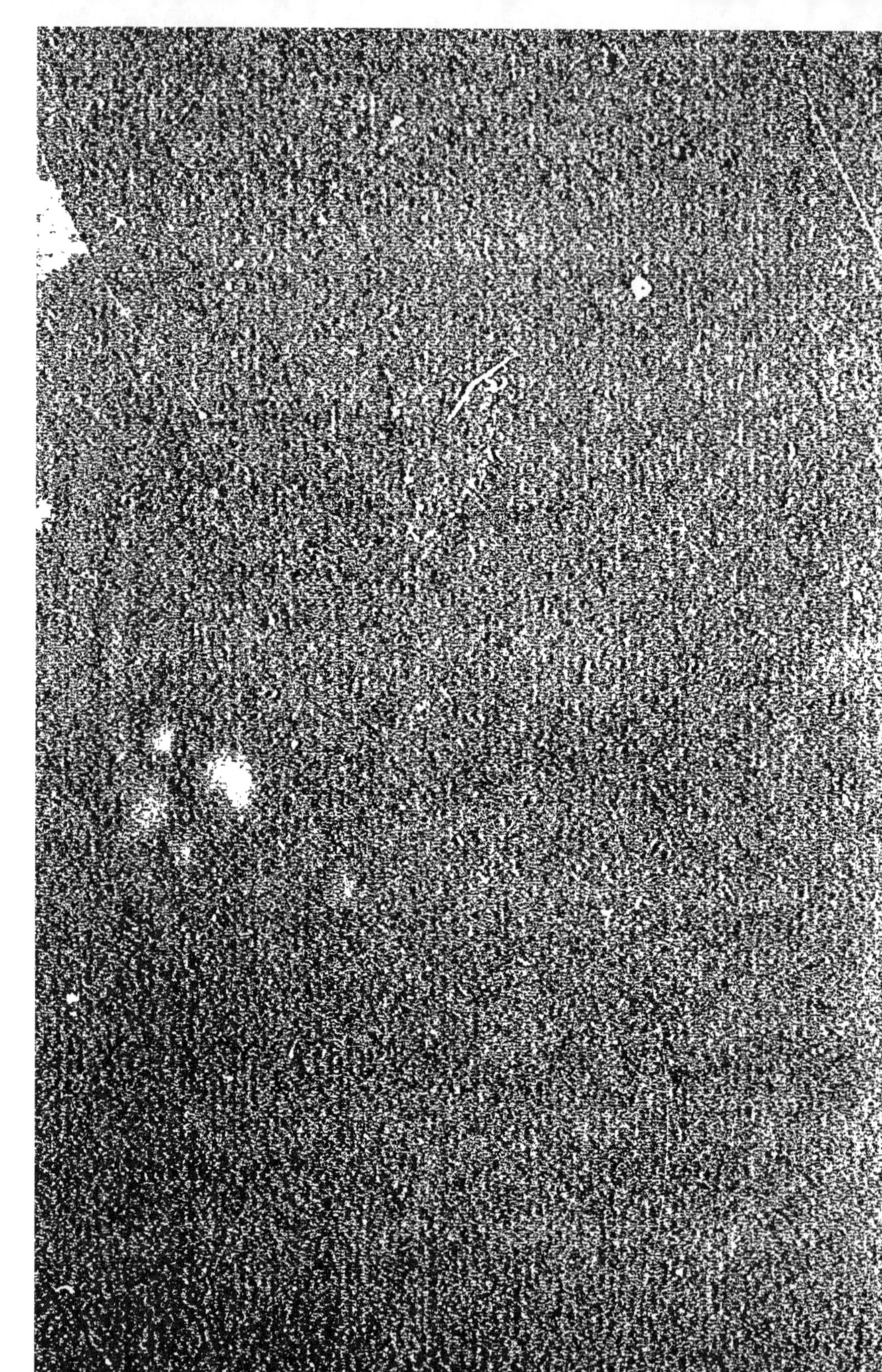

THÉORIE

JUDICIAIRE.

FRAGMENT

D'UN OUVRAGE MANUSCRIT,

INTITULÉ

THÉORIE JUDICIAIRE,

Par M. BRILLAT-SAVARIN,

MEMBRE DE LA COUR DE CASSATION ET DE LA LÉGION D'HONNEUR.

PARIS.

DE L'IMPRIMERIE D'HACQUART.

MAI 1808.

FRAGMENT

D'UN OUVRAGE MANUSCRIT,

INTITULÉ

THÉORIE JUDICIAIRE;

PAR M. BRILLAT-SAVARIN (1),

MEMBRE DE LA COUR DE CASSATION ET DE LA LÉGION D'HONNEUR.

~~~~~~~~~~~~~~~~~~~~~~~~~~~~~~~~~~~~~~

DU CHOIX DES JUGES.

LE jugement de chaque procès emporte nécessairement gain pour une des parties, et perte pour l'autre.

Cette répartition de bien et de mal doit non seulement être faite avec justice, mais

---

(1) L'ouvrage entier ne devant paraître que dans quelques mois, nous avons cru les circonstances convenables pour faire paraître le chapitre que nous présentons au public.
~~~~~~~~~~~~~~~~~~~~~~~~~~~~~~~~~~~~~~

il faut encore que chacun soit persuadé que cela est réellement ainsi ; car, comme il n'est personne qui ne puisse d'un moment à l'autre être obligé d'avoir ou de soutenir un procès, un seul jugement inique suffit pour causer une inquiétude universelle, parce que, par un retour secret sur soi-même, il n'est personne qui ne se mette à la place de celui qui paraît injustement condamné.

Ainsi, il est autant de l'intérêt du Gouvernement que de celui des citoyens, que les juges soient pris parmi les plus capables.

Il n'existe qu'un moyen sûr de parvenir à ce but, c'est de fixer pour l'éligibilité aux places de judicature des conditions telles, qu'elles donnent au Gouvernement toutes les probabilités possibles que le sujet qui les aura remplies sera digne d'être choisi ; et que le Souverain ne craigne pas de perdre par là quelque chose de sa puissance, il ne peut jamais en faire un plus bel usage qu'en cherchant à se mettre à l'abri des illusions dont on cherche toujours à environner les dépositaires d'un grand pouvoir.

Les conditions d'éligibilité, quoique susceptibles de quelques modifications, suivant les pays et les systèmes de Gouvernement, peuvent cependant se rapporter à quatre principales : l'instruction, l'expérience, l'âge, la fortune.

§. I.er

On a souvent dit que, pour être bon juge, il ne fallait qu'avoir l'esprit juste; et c'est une opinion assez généralement accréditée, que tout homme qui a le sens commun, est propre aux fonctions judiciaires.

Cette proposition mérite d'être examinée.

Si, par *esprit juste*, on entend l'esprit humain perfectionné par tous les moyens que nous avons pour rectifier nos idées, on est encore bien loin de la vérité; mais si, par *esprit juste*, on n'entend que ce sentiment ordinaire du vrai, que la nature a donné à la plupart des hommes, on professe une erreur que rien ne peut excuser.

Le jugement, tel que nous l'avons reçu de la nature, ne s'exerce avec quelque certitude que sur les objets qui tombent sous les sens, et dont les rapports sont faciles à saisir ; et si le peuple pris en masse est si sujet à s'égarer, c'est qu'il est composé d'individus dont le jugement est borné à la comparaison d'un petit nombre d'idées qui lui sont habituelles.

L'amour-propre s'oppose aussi quelquefois à la rectitude du jugement. De là vient que, dans les délibérations où les voix se comptent, la minorité garde souvent son avis, et qu'il est rare qu'une discussion soit assez lumineuse pour ne pas trouver quelques rebelles.

Mais le jugement, comme toutes les autres facultés morales, se perfectionne par l'exercice.

On sait que la facilité naît de l'habitude ; que les méthodes ne se trouvent qu'à force de travail ; que certains rapports ne peuvent être saisis qu'après de longues méditations ; qu'une erreur rectifiée apprend à en éviter bien d'autres ; de sorte que celui qui le veut fortement, peut centupler son intelligence primitive, parce qu'il s'approprie graduellement les connaissances de tous ceux qui l'ont précédé, et que l'étude peut, en quelques mois, lui rendre familières des vérités dont la découverte a exigé des siècles de recherches et de méditations.

Il est donc vrai de dire que ceux qui ont en leur faveur le travail et l'application ont aussi une supériorité immense sur ceux qui ont négligé d'acquérir les mêmes avantages; et on ne sait comment qualifier ceux qui, sans aucune préparation, viennent s'offrir pour prononcer sur tout ce qui regarde l'état des personnes, les biens, les contrats, les obligations, les actions, la vie, l'honneur, et qui se croient propres à qualifier toutes les entreprises par lesquelles on peut être troublé dans la jouissance de tous les droits qui peuvent appartenir à l'homme en société.

Ce ne serait point une étude indifférente pour la connaissance du cœur humain, que de parcourir les pétitions qui ont été données

dans les pays nouvellement organisés, et d'ana-
lyser les titres des divers candidats. On y
verrait combien l'erreur dont nous nous occupons est générale ; combien de gens se
croient propres à tout ; ou plutôt on se con-
vaincrait que parmi ceux qui demandent des
places, tous en calculent l'émolument, et peu
en considèrent les devoirs.

La science du juge est une science positive
qui ne peut pas s'acquérir par inspiration ;
car elle se compose non seulement des prin-
cipes généraux d'où dérivent les notions du
juste et de l'injuste, mais encore des nombreuses conséquences qui en ont été tirées et
converties en lois , et des exceptions non
moins nombreuses que ces lois contiennent,
et par lesquelles il a fallu prévoir les états
divers où peuvent se trouver les hommes et
les choses.

D'ailleurs, les lois qui régissent un Empire,
quoique différentes par leur objet, ne forment
cependant qu'un seul et même faisceau; elles
servent mutuellement à se soutenir, à s'inter-

prêter; l'esprit du législateur y est en quelque sorte disséminé, et ce n'est qu'à force d'étude, et surtout d'application, qu'on vient à bout de le saisir et de s'en pénétrer.

Rien ne peut donc remplacer l'étude dans celui qui se destine à la carrière judiciaire, et le Souverain doit non seulement en déterminer le tems, mais il doit encore se réserver les moyens de connaître jusqu'à quel point ce tems aura été utilement employé. Ce sera la première probabilité en faveur d'un bon choix.

§. II.

Celui qui n'a étudié les lois que dans les livres et d'une manière abstraite, est encore bien loin d'être digne de prendre place parmi les juges ; il faut encore que l'expérience vienne le mûrir, et que la pratique des affaires en éclaire la théorie.

Cette connaissance pratique peut s'envisager sous deux rapports généraux.

Le premier comprend la manière dont se

forment les conventions, les prétextes dont on se sert pour se soustraire, les limites où l'intérêt doit s'arrêter, les moyens dont on se sert pour les franchir, les détours par lesquels on cherche à éluder les lois, les diverses apparences ou dénominations qu'on peut donner au même acte, les causes qui déterminent les actions des hommes. C'est ainsi qu'on vient à bout de discerner le but secret d'avec le but apparent, et que, dans le même projet, on peut distinguer ce qui est permis d'avec ce que la loi défend.

Le second rapport comprend tout ce qui est relatif à la marche des procès.

Il faut savoir comment ils naissent, comment ils s'instruisent, comment ils finissent.

Il faut connaître les voies diverses qui conduisent au même but, les formes essentielles qui sont prescrites pour chaque acte, les défauts qui peuvent les rendre nuls ; il faut, en un mot, avoir suivi le développement d'un grand nombre de procès, et en avoir comparé les résultats, avant que de s'être fait une méthode sûre pour distinguer la vérité de l'erreur.

Tel est l'avantage de l'expérience dans toutes les sciences, que ce n'est que par elle qu'on peut apprendre beaucoup de choses qu'il faut absolument savoir, et qu'on ne trouve écrites nulle part.

Que le candidat judiciaire ait donc fréquenté le barreau avant que de s'asseoir parmi les juges de première instance ; qu'il y devienne digne d'être appelé aux tribunaux supérieurs, et que ce ne soit qu'après avoir siégé longtems, qu'il ait le droit de prétendre aux places de la Cour suprême.

Ainsi, la confiance publique aura les mêmes bases que la confiance particulière, et les citoyens ne seront jamais forcés d'avoir pour juges ceux qu'ils seraient bien éloignés de choisir pour défenseurs.

§. III.

DE L'AGE.

L'homme destiné à se mouvoir dans la sphère de la vie avec un mouvement successif d'as-

cension et de déclin, ne reçoit pas simulta-
nément toutes les facultés dont il doit jouir.

L'esprit brille en lui longtems avant le jugement. Cette dernière faculté n'existe dans
toute sa plénitude qu'après un certain nombre
d'années; et on peut regarder comme une
règle certaine, que la maturité du jugement
est le complément des facultés morales, comme
certains caractères physiques indiquent que le
corps est parvenu à son entier développement.

De cette vérité incontestable, il faut tirer
la conséquence que le magistrat doit avoir
passé le tems de la première jeunesse.

L'histoire de tous les siècles, et surtout du
nôtre, apprend qu'on peut de très-bonne
heure exceller dans les sciences d'action, où
l'éclair de la pensée, la vivacité du coup d'œil,
la hardiesse de la conception, la promptitude
d'exécution peuvent opérer des prodiges; et
les plus grands généraux avaient presque tous
marqué leur place, avant d'avoir atteint l'âge
où le commun des hommes peut à peine régir
ses biens.

Mais la jeunesse des plus illustres magistrats a dû presque toujours être couverte d'un voile officieux, et ils n'ont commencé leur réputation qu'au moment où l'homme moral s'enrichit des pertes de l'homme physique.

Eh! comment condamner à une vie constamment sédentaire, à des travaux de pure spéculation, à une attention imperturbable, à une impassibilité absolue, celui pour qui tout est nouveau dans la vie, dont le sang fermente à la moindre occasion, que tous les besoins assiégent, que toutes les passions agitent, qu'elles tourmentent, s'il résiste, qu'elles entraînent, s'il cède...........? Il est, nous le savons, quelques individus qui résistent à ces circonstances réunies; mais ces exceptions sont rares, et ce n'est pas pour les exceptions que la loi doit être faite.

S'il est quelques fonctions judiciaires qui puissent être confiées aux jeunes gens, ce ne serait au plus que celles du ministère public dans les tribunaux de première instance.

Plusieurs raisons motivent cette exception:

1°. Le suffrage du ministère public n'est pas compté parmi ceux des juges.

2°. Le genre d'éloquence qui convient au ministère public, admet la chaleur et le mouvement qui sont le partage de la jeunesse.

3°. La publicité du travail de ces magistrats est une sauvegarde qu'on ne peut pas mépriser impunément.

4°. Il faut bien ménager à ceux qui se destinent à ces fonctions une carrière où ils puissent s'exercer, avant que d'être appelés auprès des tribunaux supérieurs ; car, l'art de bien parler exige absolument une certaine habitude.

On conçoit facilement que partout où la hiérarchie des tribunaux se compose de plusieurs degrés, l'âge d'éligibilité doit suivre une certaine progression. Et pour nous exprimer en caractères arithmétiques, nous croyons qu'on ne doit pas être juge avant trente ans, et qu'il est telle place de judicature où on ne doit parvenir qu'après quarante.

§. IV.

DE LA FORTUNE.

Les trois premières conditions d'éligibilité que nous venons d'indiquer nous paraissent de rigueur pour tous ceux qui se destinent aux fonctions judiciaires; la quatrième, si elle n'est pas aussi indispensablement nécessaire, est au moins de grande convenance : nous voulons parler de la fortune.

Nous n'entendons point par ce mot *la richesse* ; car nous croyons, au contraire, que le juge, content des douceurs que procurent l'amitié, la vie domestique, l'amour des sciences et des arts, doit être étranger à ces jouissances turbulentes de pur luxe, qui attristent l'ame, énervent le corps, et servent tout au plus d'écoulement aux grandes fortunes.

Mais nous croyons convenable que le magistrat ait déjà par lui-même assez de bien pour pouvoir se procurer les commodités qui constituent l'aisance, afin que le traitement qu'il reçoit du Gouvernement, ne lui étant pas absolument nécessaire, serve seulement à rendre sa position plus douce.

Et qu'on ne croie pas que nous soyons déterminés par la nécessité de rendre le juge moins susceptible d'être séduit par des offres d'argent.

Cette raison, qui peut paraître d'un grand poids à ceux qui ne voient que la superficie des choses, doit peu toucher ceux qui ont pénétré un peu avant dans les secrets du cœur humain.

D'abord, parce qu'il est des hommes tellement organisés, qu'aucune puissance ne pourrait les enrichir ; mais surtout parce qu'il est de la nature des choses, que de tous ceux qui tiennent à l'administration publique, les juges soient ceux sur qui l'argent a le moins de pouvoir.

Dans tout procès, il existe au moins deux parties dont les intérêts sont opposés tellement, qu'on ne peut en favoriser une qu'aux dépens de l'autre; ou, ce qui est la même chose, qu'on ne peut donner à Titius, qu'autant qu'on aura pris à Mœrius : et comme cette action est d'une immoralité qu'aucun détour ne ... déguiser, il se trouve nécessairement peu de gens assez effrontés pour en faire la proposition, et surtout peu de magistrats assez notoirement méprisables, pour qu'on se hasarde à leur faire un pareil affront.

D'ailleurs, dans les pays où un homme ne juge pas seul, celui qui serait assez peu délicat pour se vendre aurait nécessairement peu d'influence, et ne vaudrait pas ainsi la peine d'être acheté.

Enfin, il est impossible qu'une pareille négociation reste inconnue; elle laisse toujours quelques traces après elle. Celui qui a gagné son procès à force d'argent se croit bientôt affranchi de toute reconnaissance; son secret ne peut pas manquer de percer : un deshonneur éternel devant en être la suite, c'est une chance qu'on ne pourra jamais courir pour des sommes nécessairement de peu d'importance.

Ainsi, indépendamment du plus ou moins de fortune, la probité des juges doit se soutenir, parce qu'elle repose sur leur intérêt bien entendu.

Mais l'aisance convient aux juges comme un des élémens de la considération qui est leur premier besoin.

Tel est l'état actuel de la société; qu'il est impossible de nier qu'une certaine quotité de revenu n'entre pour beaucoup dans la considération qu'on s'accorde réciproquement dans le cours de la vie.

La vertu pauvre n'obtient que de l'estime; on l'aborde avec un certain sentiment de compassion dont elle s'indigne quelquefois, et on ne va jamais pour elle jusqu'à la considération, qui suppose toujours déférence et envie de plaire.

D'ailleurs, le juge occupé toute sa vie à remplir des devoirs toujours renaissans, ne doit pas en être distrait par le soin de pourvoir au bien-être de ceux qui dépendent de lui ; leur sort doit être assuré d'avance ; et puisque la rétribution que le Gouvernement accorde au magistrat ne peut jamais être assez considérable pour faire face aux diverses circonstances dans lesquelles il peut être placé, l'état de sa fortune doit être tel, que ce traitement ait la nature d'un vrai honoraire, c'est-à-dire, qu'il soit moins considéré comme prix de travail que comme dédommagement de ce que le juge donne à l'État un tems qu'il pourrait employer à l'amélioration de sa fortune.

Car nous croyons que le juge doit sévèrement s'interdire tout trafic d'où résulte un profit, toute occupation qui se paie, toute opération qui mène à la fortune, à peine de perdre le droit de s'indigner, si la séduction cherche à l'attaquer par un côté qu'il aura montré faible.

On objectera peut-être que de grands talens peuvent se rencontrer sans être accompagnés de la condition dont nous nous occupons, et que le Gouvernement ne doit pas se priver de l'avantage qu'il pourrait en tirer.

Mais, en pareil cas, le Prince aurait toujours des moyens pour venir au secours de celui qui se serait assez distingué pour mériter ses bontés ; celui-là pourrait encore être utile de toute autre manière qu'en qualité de juge ; et, enfin, ce cas sera toujours assez rare pour ne pas entrer en considération dans la confection de la loi.

On s'étonnera peut-être de ce qu'en fixant les qualités que doit avoir le candidat judiciaire, nous n'ayons rien dit de ses vertus.

Cette réticence n'est pas sans raison. Ce sujet, qui a déjà été traité par des orateurs du premier mérite, appartient plutôt à l'éloquence et à la morale, qu'à un système de Théorie judiciaire.

Sans doute il est à desirer que le juge, comme tout autre délégué du Prince, possède toutes les vertus qui peuvent le rendre aimable dans la vie privée, et respectable dans ses relations civiles. Cependant, il en est beau-

coup qui n'influent en rien sur son mérite,
comme magistrat, parce qu'au tribunal il doit
faire taire son cœur, pour n'écouter que son
esprit.

Il ne faut pas oublier non plus, qu'occupés
à chercher les moyens d'empêcher les princes
d'être trompés dans leur choix, nous avons
dû nous arrêter à des conditions positives
qu'on peut toujours vérifier, et non à des
qualités métaphysiques que tout homme peut
supposer ou nier à son gré, et qui, par con-
séquent, restent abandonnées à la malice des
ennemis, ou au zèle des protecteurs.

Observons enfin, que les qualités que nous
desirons dans les magistrats, n'excluent aucune vertu, en supposent plusieurs, et sont
favorables à l'exercice de toutes.

www.ingramcontent.com/pod-product-compliance
Lightning Source LLC
LaVergne TN
LVHW020502060726
842525LV00005B/1867